WILD CABINS
Blending into their surroundings

© 2021 Monsa Publications

First edition in 2021 April by Monsa Publications,
Gravina 43 (08930) Sant Adrià de Besós.
Barcelona (Spain) T +34 93 381 00 50
www.monsa.com monsa@monsa.com

Project director Anna Minguet.
Layout Eva Minguet.
(Monsa Publications)
Printed in Spain by Gómez Aparicio.
Translation by SomosTraductores.

Shop online:
www.monsashop.com

Follow us!
Instagram @monsapublications
Facebook @monsashop

ISBN: 978-84-17557-30-0
D.L. B 4232-2021

WILD CABINS
Blending into their surroundings

monsa

INTRO

Today's cabins are for all-season use, making them the delight of hikers, explorers, and urbanites searching for peace of mind. They are practical, comfortable, and built to withstand the harsh climates in the high mountains or the rugged coast. Some are basic and sparsely fitted shelters; others are unique "glamping" (glamorous camping) retreats with all the comforts of the home or, better yet, with the amenities of a luxury hotel including hot tub, sauna, and Wi-Fi.

Clearly, the idea of escaping to remote locations to reconnect with nature has expanded its experiential boundaries, but traditional cabins prevail as timeless structures that sensibly integrate into their surroundings.

Glass and wood take center stage as the predominant materials used inside and out. Generous fenestration opens interior spaces to the daylight and the views.

Sustainable principles and the designs they generate evolve to reflect the use of materials and technology that is inherently linked to a place and time. Such principles were already implanted in vernacular architecture through the consideration of factors including geographical, topographical, climatic, as well as cultural and historic.

Las cabañas de hoy son para usar durante todas las estaciones del año, lo que las convierte en el deleite de excursionistas, exploradores y urbanitas que buscan tranquilidad. Son prácticas, cómodas y están construidas para soportar la dura climatología de altas montañas o escarpadas costas. Algunos son refugios básicos y escasamente equipados; otros son retiros únicos de "glamping" (camping glamoroso) con todas las comodidades del hogar o, mejor aún, con las comodidades de un hotel de lujo que incluye jacuzzi, sauna y Wi-Fi.

Sin duda, la idea de escapar a lugares remotos para reconectarse con la naturaleza ha ampliado los límites experienciales, pero las cabañas tradicionales prevalecen como estructuras atemporales que celebran integrarse en el entorno.

El vidrio y la madera cobran protagonismo como materiales predominantes utilizados por dentro y por fuera. Las generosas aperturas y su diseño, abren los espacios interiores a la luz del día y a las vistas.

Los principios sostenibles evolucionan para reflejar el uso de materiales y tecnología que está intrínsecamente ligado a un lugar y a un tiempo. Tales principios ya se implantaron en la arquitectura vernácula mediante la consideración de factores geográficos, topográficos, climáticos, así como culturales e históricos.

PROJECTS

STEALTH CABIN

1,500 sq ft
Superkül
Bracebridge, Ontario, Canada
© Shai Gil

This small family cottage was designed with a sustainability agenda at the forefront. Sited on a lake, it was important that the building integrates with its natural surroundings while minimizing environmental impact. The cottage is a sculptural form entirely clad in cedar, responding to the clients' desire for both a traditional log cabin and a modern weekend home. Dynamism of this material continuity is retained through the imaginative deployment of cedar in a variety of applications. Taking cues from its surroundings, the building takes its shape from an overturned boat found on the property, with the faceting of the cabin's walls echoing the rise and fall of the site's topography.

El diseño de esta pequeña cabaña familiar responde a un interés creciente en la búsqueda de una sensibilidad medioambiental. Su enclave, cercano a un lago, fijó la base para que el edificio se integrara con absoluta complicidad en su entorno natural y produjese el menor impacto posible. La estructura de esta singular cabaña adquiere forma escultural gracias a su completa cobertura en madera de cedro, un efecto arquitectónico que satisface el deseo de sus clientes, una cabaña tradicional y simultáneamente, una moderna casa de fin de semana. El dinamismo que imprime el uso sucesivo de la madera de cedro se mantiene a través de un recorrido ingenioso en sus múltiples aplicaciones. Inspirándose en su entorno, el edificio se proyecta de manera literal como un barco invertido y las facetas de las paredes de la cabaña se hacen eco de la subida y bajada de la topografía del lugar.

Cedar cladding traces the form of the building from outside in, up the walls and into the origami-like angular folds of the roof, which rise and fall to create dramatic, light-filled spaces.

Cedar shakes on the south facade provide textural and tonal contrast while thin horizontal cedar slats form a screen that wraps the porch, creating patterns of light and shadow and modulating the view.

El revestimiento de cedro traza la forma del edificio desde el exterior hacia el interior, subiendo por las paredes y llegando a los pliegues angulares del tejado, similares a los del origami, que suben y bajan para crear espacios espectaculares y llenos de luz.

Los listones de cedro de la fachada sur aportan un contraste de texturas y tonos, mientras que las finas lamas horizontales forman una pantalla que envuelve el porche, articulando un flujo de luces y sombras y modulando las vistas.

The cabin was sited to preserve a maximum number of trees, while its scale makes minimal physical and visual impact on the land. To reduce energy consumption, the cabin premeditates passive cooling and ventilation.

La cabaña se ubicó estratégicamente para preservar al máximo el número de árboles, y para conseguir un impacto físico y visual mínimo sobre el terreno. Para reducir el consumo de energía, la cabaña promueve una refrigeración y ventilación pasivas.

North elevation

South elevation

East elevation

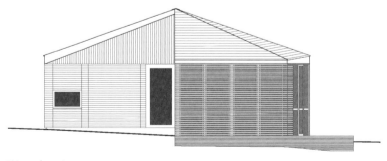

West elevation

Floor plan

A. Entry
B. Log store
C. Mudroom
D. Desk
E. Laundry room
F. Washroom
G. Bedroom

H. Mechanical room
I. Master bedroom
J. Kitchen
K. Dining room
L. Living room
M. Screened-in porch
N. Deck

Large floor-to-ceiling wood-framed windows and doors overlook the lake to the south and provide ample access to a long cedar deck. As the untreated cedar boards and shakes weather and bleach to a faded gray over time, the cottage will appear to coalesce even further into its landscape.

Las grandes ventanas y puertas con marcos de madera de suelo a techo se orientan al sur del lago y dan acceso a una larga terraza de cedro. Con el paso del tiempo y como algo premeditado, las tablas y tablones de cedro se desgastarán hasta adquirir un color gris descolorido; la casa de campo conseguirá así integrarse aún más en el paisaje.

The uniform use of one single material covering all surfaces highlights the spatial qualities of architecture, letting color, texture, and the effects of light enrich the space with visual nuances.

Materials with thermal mass are typically used in floors and walls where solar rays can reach them. The warm surfaces then act as radiators, distributing heat evenly throughout a space.

El uso uniforme de un único material que cubra todas las superficies resalta las cualidades espaciales de la arquitectura, dejando que el color, la textura y los efectos de la luz enriquezcan el espacio con matices visuales.

Los materiales con masa térmica se suelen utilizar en suelos y paredes donde logren alcanzar los rayos solares y de esta manera acumulen energía. Las superficies actúan entonces como radiadores, distribuyendo el calor uniformemente por todo el espacio.

Built-in furniture optimizes the use of space, avoiding the need for freestanding furniture, which interferes with spatial clarity.

Los muebles empotrados optimizan el uso del espacio, evitando la necesidad de muebles independientes, que interfieren en la claridad espacial.

THE DRIFTWOOD CHALET

1,665 sq ft
Atelier BOOM-TOWN
Montreal, Quebec, Canada
© Maxime Brouillet

The Driftwood Chalet is located on a gently sloping terrain surrounded by a natural landscape of impressive beauty. The development takes shape here, overlooking the Saint Lawrence River's estuary, humble and discreet like a piece of driftwood.

The chalet is composed of two structures joined at right angles, creating a design that is as rustic as it is refined and offering a haven of relaxation. Its construction is reminiscent of the first homes with gabled roofs and rectangular masses built along the St. Lawrence Valley. The design addresses sustainability and cost-efficiency, enhancing a connection with nature to create a haven of relaxation.

Driftwood Chalet está situado en un terreno de suave pendiente, rodeado de un paisaje natural de impresionante belleza. La urbanización, con vistas al estuario del río San Lorenzo, forma parte de un paisaje entendiendo su anclaje de forma discreta, como un elemento compositivo semejante a un tronco de madera a la deriva.

El chalet se compone de dos estructuras unidas en ángulo recto, creando un diseño tan rústico como refinado y ofreciendo un remanso de paz. Su construcción recuerda a las primeras casas con tejados a dos aguas y masas rectangulares construidas a lo largo del valle del San Lorenzo. En el diseño priman la sostenibilidad y el aprovechamiento de los recursos, incrementando significativamente la conexión con la naturaleza para crear una atmósfera serena y tranquila.

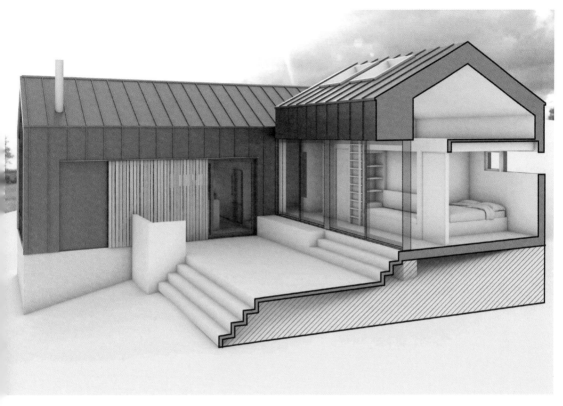

Perspective section

To ensure the construction was in harmony with its location, physical and virtual models of the terrain were created to design a project grounded on the land while maximizing the views.

Para garantizar que la construcción estuviera en armonía con su ubicación, se crearon modelos físicos y virtuales del terreno para diseñar un proyecto asentado en el terreno y maximizar las vistas.

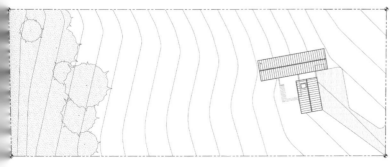

Site plan

West elevation

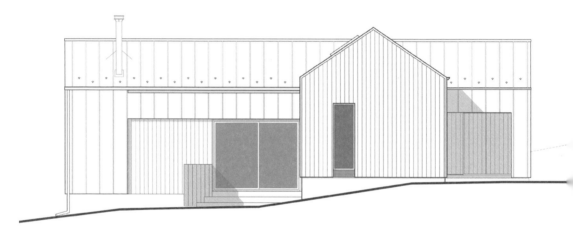

South elevation

Gable roofs easily shed water and snow, while providing more ceiling height, and therefore an increased feeling of spaciousness. Also, in the interior, it offers opportunities for attic space.

Los tejados a dos aguas evacuan fácilmente el agua y la nieve, a la vez que proporcionan una mayor altura de techo y, por tanto, una mayor sensación de amplitud. Además, en el interior, ofrece oportunidades para el espacio del ático.

Floor plan

A reading nook in the corridor leading to the rooms faces a glass wall, offering expansive views of the surrounding nature. A ladder provides access to a mezzanine—an extension of the children's rooms below—offering a space for play and relaxation away from the world of adults.

Un rincón de lectura en el pasillo que conduce a las habitaciones da a una pared de cristal, ofreciendo amplias vistas de la naturaleza circundante. Una escalera da acceso a un altillo -una extensión de las habitaciones de los niños que están debajo- que ofrece un espacio para jugar y relajarse lejos del mundo de los adultos.

A simple design and a limited
selection of materials and colors
emphasize light and views as
prominent design features.

Un diseño sencillo y una selección
limitada de materiales y colores
hacen que la luz y las vistas sean
las características principales del
diseño.

MARTAK PASSIVE HOUSE

1,275 sq ft
Hyperlocal Workshop
Masonville, Colorado, United States
© Andrew Michler

MARTaK is the first international certified passive house in Colorado. The project investigates how site-specific architectural design and environmental ambition can work in concert. The massing is inspired by the local mountains called hogbacks but also evokes a traditional cabin. The Passive House model shows the project —which is built off-grid—to perform at more than twice the certification level and experience has proven the standard to be comfortably reliable in reducing energy use to a bare minimum while improving occupant well-being and comfort. The project won the 2018 Green Home of the Year from Green Builder magazine.

MARTaK es la primera casa pasiva certificada internacionalmente en Colorado. El proyecto investiga cómo el diseño arquitectónico específico del lugar y la ambición en el progreso medioambiental funcionan de manera efectiva conjuntamente. El volumen se inspira en las montañas locales llamadas hogbacks, pero al mismo tiempo evoca una cabaña de estilo tradicional. El modelo de casa pasiva muestra el proyecto -que se construye fuera de la red- para funcionar a más del doble del nivel de certificación. La experiencia ha demostrado que el estándar es enteramente fiable para lograr reducir el uso de energía al mínimo, al tiempo que mejora el bienestar y la comodidad de los ocupantes. El proyecto ganó el premio Green Home of the Year 2018 de la revista Green Builder.

A building that can be reabsorbed by nature after all non-natural materials have been removed for recycling is the ultimate sustainable goal.

Un edificio que pueda ser reabsorbido por la naturaleza después de que se hayan retirado todos los materiales no naturales para su reciclaje es el objetivo sostenible por excelencia.

Elevations

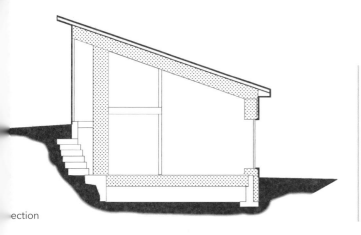

ection

A simplified floor plan, a sunken shower, and an access ramp make the cabin accessible for guests with disabilities.

Una planta simplificada, una ducha hundida y una rampa de acceso hacen que la cabaña sea accesible para los huéspedes con discapacidades.

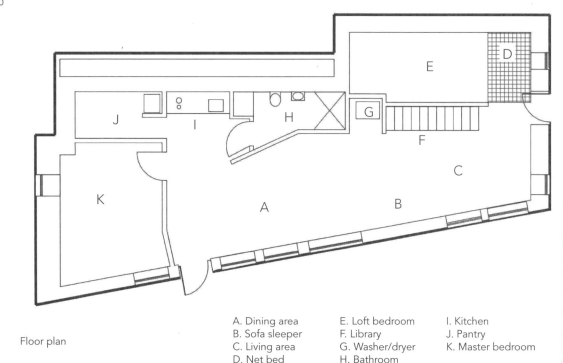

Floor plan

A. Dining area
B. Sofa sleeper
C. Living area
D. Net bed

E. Loft bedroom
F. Library
G. Washer/dryer
H. Bathroom

I. Kitchen
J. Pantry
K. Master bedroom

The design draws from contemporary small residential Japanese architecture utilizing an open floor plan and a restrained material palette. Along with the copious use of FSC plywood and lumber are a nail-lam wall and floor, ceramic and slate tile, and cedar pickets.

El diseño se inspira en la arquitectura japonesa contemporánea de pequeñas residencias, con una planta abierta y una paleta de materiales sobria. Junto con el uso abundante de madera y contrachapado FSC, hay una pared y un suelo de madera clavada, baldosas de cerámica y pizarra, y piquetes de cedro.

A step tansu staircase made from simple boxes anchors the elongated living space while providing useful storage. The small loft features a net bed, which gives kids a place to nest while providing daylight and an acoustic and visual connection with the main floor.

Una escalera hecha con cajas sencillas ancla el espacio vital y su extensión, a la vez que proporciona un útil espacio de almacenamiento. El pequeño altillo cuenta con una cama de red, que ofrece a los niños un lugar para anidar, a la vez que proporciona luz natural y una conexión acústica y visual con la planta principal.

The home's angled south face and asymmetrical interiors reduce complexity responding to the Passive House Planning Package energy modeling, which encourages simpler shapes for efficiency.

La fachada sur en ángulo de la casa y los interiores asimétricos reducen la complejidad en respuesta al modelo energético del Paquete de Planificación de Casas Pasivas, que fomenta las formas más sencillas para la eficiencia.

Compact kitchen units come as one unit or in a few pieces that are meant to be assembled. They make the most of limited space providing full or partial service. They are ideal for small temporary accommodations such as mountain refuges or beach cottages.

Los muebles de cocina compactos se presentan como una unidad o en unas pocas piezas destinadas a ser ensambladas. Aprovechan al máximo el espacio limitado proporcionando un servicio completo o parcial. Son ideales para pequeños alojamientos temporales, como refugios de montaña o casas de campo en la playa.

Wide window ledges provide small breakout spaces for a more intimate experience with nature outside.

Las amplias repisas de las ventanas proporcionan pequeños espacios de descanso para una experiencia más íntima con la naturaleza en el exterior.

Physical disability should not prevent someone from enjoying the log cabin experience. Extra-wide doorways, wide turning spaces, curbless showers, and countertop heights are adjusted to ADA requirements.

La discapacidad física no debe impedir que alguien disfrute de la experiencia de esta cabaña de madera. Las puertas extras y anchas, los espacios de giro amplios, las duchas sin bordillos y las alturas de las encimeras se ajustan a los requisitos de la ADA.

HYYTINEN CABIN

2,144 sq ft
Salmela Architects
St. Louis County, Minnesota, United States
© Paul Crosby

Hyytinen Cabin replaces an existing structure, capitalizing on its spectacular location by a lake. The design consists of two stacked volumes over a basement. The first floor establishes a new relationship with the site. While the original structure was facing east, the new first floor faces south. This allows for a fully glazed narrow east end to open the great room up to the unobstructed views of the lake. A south-facing deck provides a sunny place to sit during mild weather. The second floor is oriented perpendicular to the first, cantilevering over the deck to provide a covered entry and shady place to spend hot summer days.

La cabaña Hyytinen sustituye una estructura existente, aprovechando su espectacular ubicación junto a un lago. El diseño consiste en dos volúmenes apilados sobre un sótano. La primera planta establece una nueva relación con el lugar. Mientras que la estructura original estaba orientada al este, la nueva primera planta está orientada al sur. Esto permite que un estrecho extremo oriental totalmente acristalado abra el gran salón a las vistas sin obstáculos del lago. Una cubierta orientada al sur ofrece un lugar soleado para sentarse cuando hace buen tiempo. La segunda planta está orientada perpendicularmente a la primera, en voladizo sobre la cubierta para proporcionar una entrada cubierta y un lugar sombreado donde pasar los días calurosos de verano.

The exterior is clad in western red cedar stained with a traditional Scandinavian tar treatment. The natural texture of the cedar contrasts with the smooth matte finish of a black Richlite splash base. Deep blue accents complement the pinkish-red door of an existing cinder block sauna.

El exterior está revestido de cedro occidental teñido de rojo con un tratamiento tradicional de alquitrán escandinavo. La textura natural del cedro contrasta con el suave acabado mate de una base negra de Richlite. Los detalles en azul intenso complementan la puerta de color rojo rosado de una sauna de bloques de hormigón ya existente.

The fenestration and creation of outdoor spaces are perhaps the most effective design elements to engage a building with its natural surroundings.

La fenestración y la creación de espacios exteriores son quizá los elementos de diseño más eficaces para relacionar un edificio con su entorno natural.

A. New cabin
B. Existing cabin footprint
C. Existing sauna
D. Boat house

Site plan

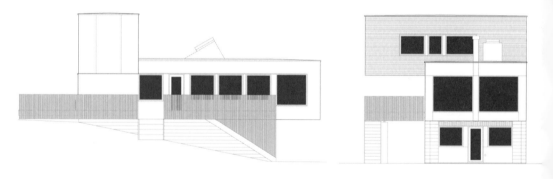

Southeast elevation

Northeast elevation

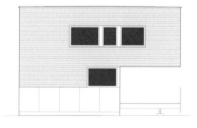

Northwest elevation

Southwest elevation

Locally sourced stone used for dry-laid walls, steps, and pathways provide a wonderful character and contextual appropriateness in rugged settings.

Physical and environmental conditions affecting a site guide the form, composition, and materiality of a building.

La piedra de origen local utilizada para los muros, escalones y caminos colocados en seco proporciona un carácter maravilloso y una adecuación contextual en entornos escarpados.

Las condiciones físicas y ambientales que afectan a un lugar guían la forma, la composición y la materialidad de un edificio.

Outdoor decks and terraces are extensions of interior living spaces capable of accommodating activities that usually take place indoors, such as lounging, eating, and entertaining.

Interior walls are finished with local basswood. The pale color of the wood reflects the sunlight, adding comfortable warmth to the cabin's interior. Floor-to-ceiling windows and glass doors capture the views of the idyllic wooded site.

Las terrazas y cubiertas exteriores son extensiones de los espacios interiores capaces de albergar actividades que normalmente tienen lugar en el interior, como descansar, comer y entretenerse.

Las paredes interiores están acabadas con madera de tilo local. El color pálido de la madera refleja la luz del sol, añadiendo una agradable calidez al interior de la cabaña. Las ventanas del suelo al techo y las puertas de cristal capturan las vistas del idílico lugar boscoso.

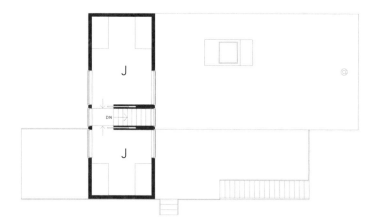

Upper floor plan

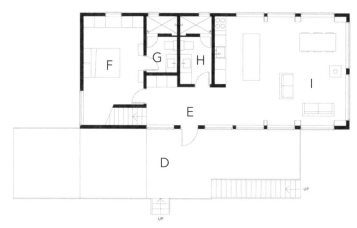

Main floor plan

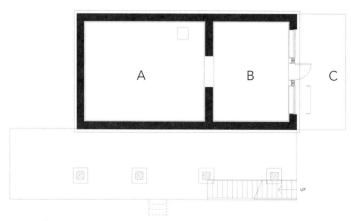

Lower floor plan

A. Mechanical room
B. Workshop
C. Terrace
D. Deck
E. Entry
F. Master bedroom
G. Master bathroom
H. Bathroom
I. Great room
J. Bedroom

WEEK'NDER

1,600 sq ft
Lazor / Office Design
Madeline Island, Wisconsin, United States
© George Heinrich

Designed for a family of three and their guests, the Week'nder is open and airy, taking in the beauty of the natural setting in all directions. Due to the high cost of construction on the island, the cabin was conceived as a prefab formed by two modules, which were transported to the island by ferry. All of the cost-intensive aspects of the construction, were integrated into the prefab modules. A large room of panelized construction and pitched roof was installed in the space between the two modules. Natural and readily available materials—plywood, pine, and corrugated and flat metal sheets—lend the cabin a rustic feel balanced by color and texture contrasts. Inspiration was the site itself, defining the experience at the Week'nder.

Diseñada para una familia de tres componentes y sus invitados, la Week'nder es una vivienda abierta y ventilada, y permite disfrutar de la belleza del entorno natural en todas las direcciones. Debido al elevado coste de la construcción en la isla, la cabaña se ideó como un prefabricado formado por dos módulos, que se transportaron a la isla en ferry. Todos los aspectos más costosos de la construcción se integraron en los módulos prefabricados. En el espacio entre ellos se instaló una gran sala de construcción panelada y techo inclinado. Los materiales naturales y fácilmente disponibles -madera, pino y láminas metálicas onduladas y planas- confieren a la cabaña un aire rústico equilibrado por los contrastes de color y textura. La inspiración surgió del propio emplazamiento, que define la experiencia en el Week'nder.

The Week'nder opens and closes, its facades shifting from dark and opaque to light and transparent. The two parallel modules set a datum line above which a gable roof rises like a tent.

Metal fins outside the windows of the two long sides of the cabin act as shading devices, minimizing heat gain and glare. Moreover, the window side of the fins is painted white to reflect the light toward the interior spaces. They are centered at the foot of the built-in-beds evocative of a ship berth.

El Week'nder se abre y se cierra, y sus fachadas pasan de ser oscuras y opacas a claras y transparentes. Los dos módulos paralelos establecen una línea de referencia sobre la que se eleva un tejado a dos aguas, similar a una tienda de campaña.

Las aletas metálicas situadas fuera de las ventanas de los dos lados largos de la cabina actúan como dispositivos de sombreado, minimizando la ganancia de calor y el deslumbramiento. Además, el lado de la ventana de las aletas está pintado de blanco para reflejar la luz hacia los espacios interiores. Están centradas a los pies de las camas empotradas que evocan un camarote de barco.

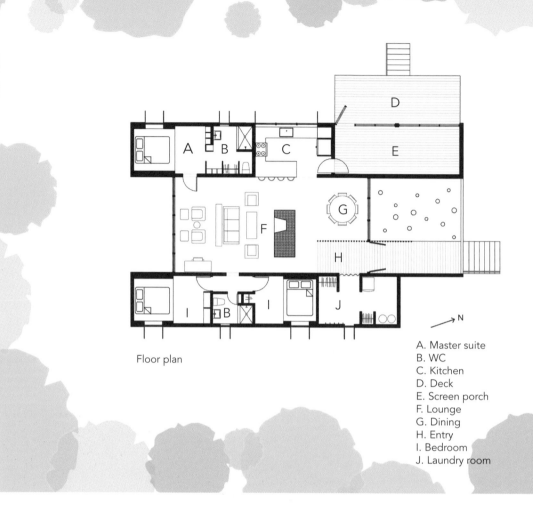

Floor plan

A. Master suite
B. WC
C. Kitchen
D. Deck
E. Screen porch
F. Lounge
G. Dining
H. Entry
I. Bedroom
J. Laundry room

A screen porch extends the western module, offering a unique and sheltered semi-outdoor space facing the forest, while floor-to-ceiling windows on two sides of the central lounge open the cabin to the surroundings.

Un porche de malla prolonga el módulo occidental, ofreciendo un espacio único y resguardado al aire libre frente al bosque, mientras que las ventanas de suelo a techo en dos lados del salón central abren el espacio al entorno.

The duality created by opaque and transparent surfaces on the cabin's exterior is taken to the interior through screens made of thin posts, separating spaces, while maintaining an open plan feel and enhancing the shifting qualities of daylight. Interior and exterior is blurred by the prairie grass that rolls into a kind entry court.

The articulation of interior spaces through semitransparent partitions allow the separation of functions while maintaining a considerably open feel.

La dualidad creada por las superficies opacas y transparentes del exterior de la cabaña se traslada al interior a través de pantallas hechas con finos postes, que separan los espacios, al tiempo que mantienen una sensación de planta abierta y potencian las cualidades cambiantes de la luz del día. El interior y el exterior se desdibujan con la hierba de la pradera que se enrolla en un amable patio de entrada.

La articulación de los espacios interiores a través de tabiques semitransparentes permite la separación de funciones manteniendo de manera considerable la sensación de apertura.

Clerestory windows are architectural features that add visual interest to a building while allowing generous natural light and glimpses of seasonal foliage and the different colors of light from dusk to dawn to illuminate the interior.

Prominent features such as the fireplace and kitchen peninsula create precincts of space for specific uses and guide spatial circulation avoiding walls and other types of partitions, creating a voluminous open space, atypical of prefabricated houses.

Las ventanas de claristorio son elementos arquitectónicos que añaden interés visual a un edificio, al tiempo que permiten que la generosa luz natural y los destellos del follaje estacional y los diferentes colores de la luz desde el atardecer hasta el amanecer iluminen el interior.

Los elementos destacados, como la chimenea y la península de la cocina, crean recintos de espacio para usos específicos y guían la circulación espacial evitando muros y otros tipos de tabiques, creando un espacio abierto voluminoso, atípico de las casas prefabricadas.

GLASS CABIN

1,120 sq ft
AtelierRISTING
Northeast Iowa, United States
© Steven y Carol Risting

The Glass Cabin provides an off-grid family retreat with solar and battery power, designed and built by the architect. Reclaimed glass, restored prairie, and land entrusted to the grandkids were the genesis of the design. Nestled in a clearing of the woods near the Wapsipinicon River, the cabin provides great views of the native Midwestern prairie. Its environmentally friendly design began with a north-south orientation and a raised structure to minimize the disturbance of the grasslands and flood plain. The raised structure is essentially an agricultural modified pole barn/wood frame structure. Natural materials were used throughout.

La cabaña de cristal ofrece un refugio familiar sin ninguna conexión a la red eléctrica, construida simplemente con energía solar y baterías, todo ello diseñado por el mismo arquitecto. El vidrio recuperado, la pradera restaurada y el terreno confiado a los nietos fueron la génesis del diseño. Enclavada en un claro del bosque, cerca del río Wapsipinicon, esta singular cabaña ofrece grandes vistas a la pradera nativa del Medio Oeste. Su diseño, respetuoso con el medio ambiente, se inició con una orientación norte-sur y una estructura elevada para minimizar la perturbación de las praderas y evitar que la llanura llegara a inundarse. La estructura elevada es esencialmente un granero de postes, una estructura de madera modificada para la agricultura. Se utilizaron materiales naturales en todo el edificio.

Well-designed sun control devices reduce heat gain and cooling requirements, while at the same time improving the natural lighting quality of interior spaces.

Operable windows and side patio doors provide additional daylighting and natural ventilation.

Los dispositivos de control solar bien diseñados reducen el aumento de temperatura y proporcionan las adecuadas necesidades de refrigeración, al tiempo que mejoran la iluminación natural en el interior.

Las ventanas practicables y las puertas laterales de los patios proporcionan luz y ventilación natural.

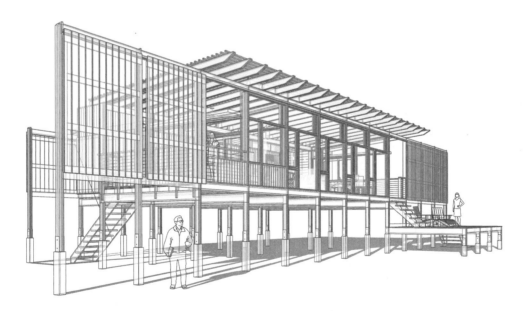

Perspective views

The extension of the front columns creates a manmade edge to the clearing in the woods next to the Wapsipinicon River. Barn doors slide open to reveal the northern glass front and close to provide security when not occupied.

La extensión de las columnas delanteras crea un borde artificial en el claro del bosque junto al río Wapsipinicon. Las puertas del granero se abren para descubrir la fachada de cristal del norte y se cierran para proporcionar seguridad cuando no se habita.

Large reclaimed pieces of clear and frosted insulated glass removed from a commercial office building expansion were used to create the north facade window wall. The reclaimed frosted glass was also used in the back bedrooms and toilet room to diffuse the southern daylighting and provide privacy.

Para crear el muro de la fachada norte se utilizaron grandes trozos de vidrio aislante transparente y esmerilado obtenidas de una ampliación en un edificio de oficinas. El mismo vidrio esmerilado se utilizó en los dormitorios traseros y en el cuarto de aseo para difuminar la luz diurna del sur y proporcionar privacidad.

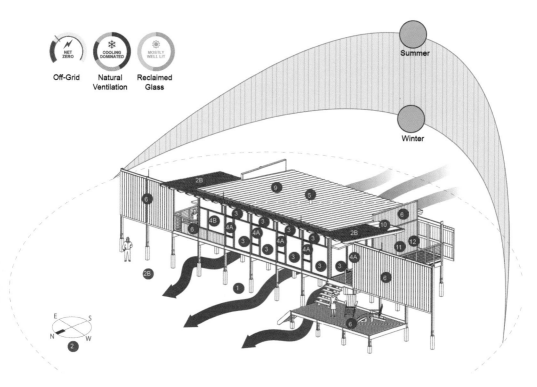

Off-Grid   Natural Ventilation   Reclaimed Glass

NET ZERO   COOLING DOMINATED   MOSTLY WELL LIT

Summer

Winter

E N S W

Diagram of sustainability strategy

The Glass Cabin is off-grid and thus net-zero with the following passive features:

1. Raised structure
   Allows flood water to flow freely below
   Minimum disturbance of the grasslands
2. North-South orientation
   2A | Northern window wall
   2B | Trellis for east and west shading
3. Reclaimed 1" low-E insulation glass
   Provides daylighting and views
   From a commercial office building expansion
4. Natural ventilation
   4A | Operable windows and patio doors
   4B | Screened-in porch
   4C | Ceiling fans
5. Wood-burning efficient stove
   Warmth and light
6. Western Red cedar structure, siding and
   decking
   Natural finish
   Water, fire, and insect-resistant
7. Minimum construction waste
   Standard lumber sizes
8. Insulated floor, roof, and walls
   R-30 floor, R-22 roof, and R-15 walls
   Mineral wool and rigid insulation
   + 2x6 wood floor and roof decking
9. White metal roof
   Minimize heat gain
10. Solar panels and battery power
    LED lighting
    DC motor ceiling fans
11. Compost toilet
12. Gray water filtration

A variety of shading methods can help, from fixed or adjustable shades to trees and vegetation, depending on the building's orientation, climate, and latitude.

Diferentes métodos y efectos de luces y sombras contribuyen notablemente, desde persianas fijas o ajustables hasta árboles y vegetación, dependiendo de la orientación del edificio, el clima y la latitud.

North elevation

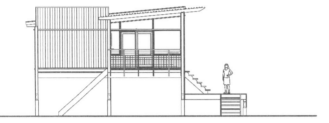

East elevation

The cedar surfaces were left natural to take a warm gray patina, referencing the aged barns in the area. All flooring is natural cork.

Las superficies de cedro se dejaron al natural para que adquirieran una cálida pátina gris, en referencia a los graneros envejecidos de la zona. Todos los suelos son de corcho natural.

The exposed rough-sawn structure, barn doors, exterior and interior siding, and exterior decking is predominately Western Red Cedar, selected for its natural moisture-resistant, insect-resistant, fire-retardant, acoustical properties and is a renewable resource.

La estructura, las puertas de granero, el revestimiento exterior e interior y el entarimado exterior son predominantemente de cedro rojo occidental, seleccionado por sus propiedades naturales de resistencia a la humedad, a los insectos, ignífugas y acústicas, y por ser materia reciclable.

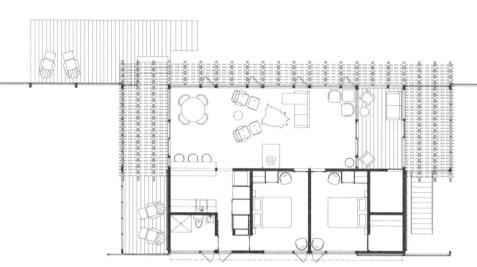

Floor plan

0' 2' 4'   8'   16'

N

The 14' x 32' Great Room, with floor-to-ceiling glass on three sides, creates an experience of being outdoors, with northern daylighting and prairie views. A screened-in porch, east and west terraces, and a lower terrace complete the outdoor interaction.

El Gran Salón de 14' x 32', con cristales del suelo al techo en tres lados, crea una agradable sensación de estar al aire libre, con luz natural del norte y vistas de la pradera. Un porche cubierto, las terrazas este y oeste y la terraza inferior completan la interacción con el exterior.

Barn doors are wide sliding doors that have made their way to homes, becoming popular interior design pieces that offer a rustic appeal.

Las puertas de granero son amplias puertas correderas que se han abierto paso en los hogares, convirtiéndose en populares piezas de diseño de interiores que ofrecen un atractivo rústico.

The kitchenette countertop is copper, and the wall cabinets are custom-built cedar with frosted glass doors. While primarily a three-season retreat, a Norwegian designed wood stove provides warmth for the holidays.
All-wood interiors are a throwback to simpler times. Inspired by traditional farmhouses, they celebrate comfort, cozy atmosphere, and life outdoors.

La encimera de la cocina es de cobre, y los armarios de pared son de cedro hechos a medida con puertas de vidrio esmerilado. Aunque es principalmente un refugio para las tres estaciones, una estufa de leña de diseño noruego proporciona calor también en vacaciones.
Los interiores de madera son un recuerdo a tiempos más sencillos. Inspirados en las granjas tradicionales, sugieren comodidad, un ambiente acogedor y vida al aire libre.

CULARDOCH SHIELING

505 sq ft
Moxon Architects
Cairngorms, Scotland, United Kingdom
© Ben Addy, Moxon Architects

Culardoch Shieling is located at the foot of Culardoch mountain—"the big back place"—and looks out across the remote expanse of upper Glen Gairn. It plays simultaneously off the informality and romanticism of a Scottish hillwalkers' "howff," farmer's hut or Swiss alpine shack, and the humanism and cleanliness of twentieth-century modernists such as Aalto. Its exteriors and interiors are clad in wood. The cruck-frame roof, covered in moss and stone, has low-dipping eaves. Low and sturdy, the construction blends with the undulating topography.

Culardoch Shieling se encuentra al pie de la montaña Culardoch - "el gran lugar de atrás"- y mira hacia la remota extensión de la parte superior de Glen Gairn. Juega simultáneamente con la informalidad y el romanticismo de un "howff" escocés de excursionistas, una cabaña de granjeros o una choza alpina suiza, y con el humanismo y la nitidez de modernistas del siglo XX como Aalto. Tanto sus exteriores como interiores están revestidos de madera. El tejado, cubierto de musgo y piedra, tiene aleros de poca altura. Baja y robusta, la construcción se funde con la topografía ondulada.

As if in a world unto its own, this small cabin
sits alone in the vast, rugged, and windswept
landscape of the Cairngorms, invisible from many
directions thanks to the undulating topography.
Sod roofs are an efficient and sustainable approach
to building in the environmental context, providing
roofs and walls with a layer of insulation

Como si se tratara de un mundo propio, esta
pequeña cabaña se ubica sola en el vasto,
escarpado y azotado por el viento, paisaje de los
Cairngorms, invisible desde muchas direcciones
gracias a la topografía ondulada.

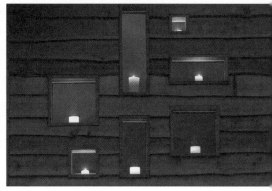

The view through each window frames a specific aspect of the landscape: a bend in the River Gairn, the grassy flood plain, the water of Allt Bad a'Mhonaich tumbling down the side of Ben Avon, the massive granite tors on the summit plateau.

Windows of various sizes and proportions control the amount of light and views while maintaining an enveloping sense of seclusion and security.

La vista a través de cada ventana enmarca un aspecto específico del paisaje: un recodo del río Gairn, la llanura húmeda cubierta de hierba, el agua de Allt Bad a'Mhonaich cayendo por la ladera de Ben Avon, los enormes tors de granito de la meseta de la cumbre.

Las ventanas de distintos tamaños y proporciones controlan la cantidad de luz y las vistas, al tiempo que mantienen una sensación envolvente de aislamiento y seguridad.

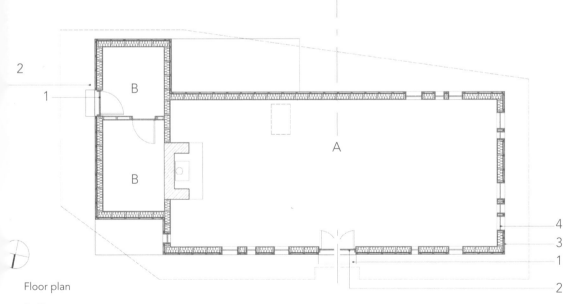

Floor plan

A. Great room

B. Storage

1. Larch step

2. Timber door with wavy edge larch planking

3. Wavy edged larch planking

4. Double glazed timber frame fix window U = 1.4W/m2K

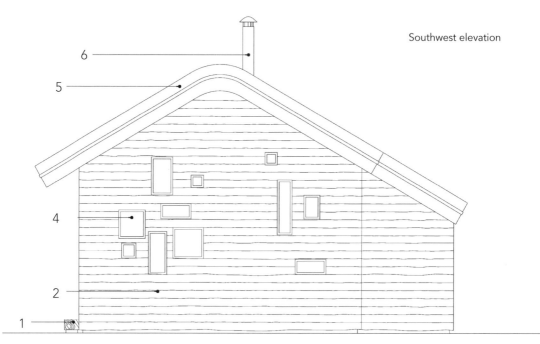

Southwest elevation

6

5

4

2

1

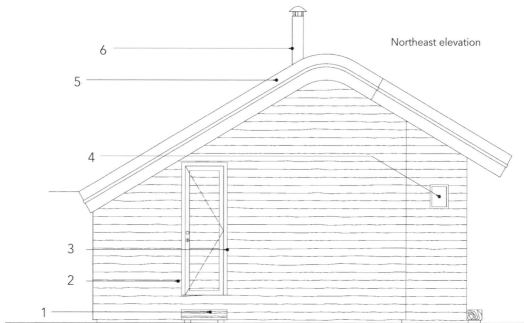

Northeast elevation

6

5

4

3

2

1

1. Larch step

2. Wavy edged larch planking

3. Timber door with wavy edged larch planking

4. Double glazed timber frame fix window

5. Barge board edge

6. Double walled, insulated, stainless steel chimney

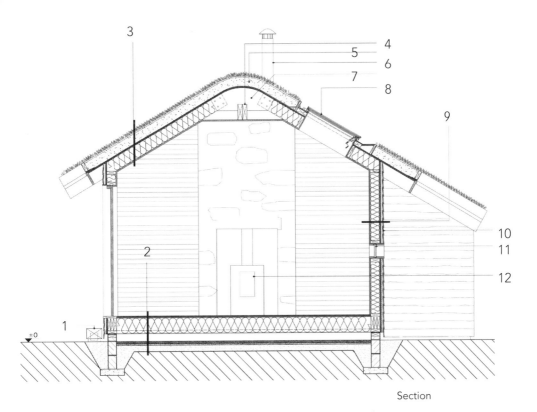

Section

1. Larch step

2. Floor assembly:

• 15mm engineered timber floor

• 18mm chipboard

• 1 ply vapor control layer

• 250mm ISOVER space saver Ready-cut acoustic insulation between 50/200mm joists

• 50mm solum

• 1 ply 1200 gauge DPC forming seal against radon gas

• 25mm sand blinding

• 100mm compacted, graded inert hard core

3. Roof assembly:

• 20mm turf planting scheme

• 100mm turf growing medium in hessian sacks

• 1 ply PROTAN Progreen membrane

• 1 ply PROTAN 2B fleece

• 18mm plywood

• 200mm KINGSPAN KOOL THERM K7 pitched roof board rigid PIR foam (2 x 100mm) insulation between 50/200mm rafters

• 1 ply ACTIS TRISO SUPER 10 + thin multifoil insulation

• 20mm horizontal Sitka spruce board cladding

4. 2 x 75/250 ridge beam coach boiled together

5. Turf roof

6. Double walled, insulated stainless steel chimney

7. Plywood gussets coach bolted to rafters

8. THE ROOFLIGHT COMPANY NEO top hung skylight fitted to manufacturer's instructions

9. Wall assembly:

• 12mm wavy edged larch planking

• 25 mm vertical battens to leave air gap

• 1 ply breather membrane

• 18mm plywood

• 150mm KINGSPAN KOOL THERM K12 framing board rigid PIR foam insulation between 50/150mm studs

• 1 ply Tyvek vapor control layer

• 20mm horizontal Sitka spruce board cladding

10. Wavy edged larch planking

11. Double glazed timber frame fix window

12. WESTFIRE 23 HETAS approved wood burning stove unit

FOREST CABIN RETREAT

160 sq ft
The Way We Build
Robbenoordbos, The Netherlands
© Jordi Huisman

Built as a nature retreat for meditation and creation, this mobile cabin stands at the edge of a forested area, facing an open field. It offers guests peace and quiet away from the noise of the urban environment. The retreat is nothing like the usual mountain or beach cabin. Its construction is minimal and devoid of any ornamentation. In the interior, furnishing is sparse to go with the raw and bare aesthetic. The atmosphere is monastic. In keeping with the religious appeal of the retreat, a series of interlocking wood panels cut to look like archways create a dome above the space, a place for guests to immerse themselves into their meditative needs or creative pursuits.

Construida en plena naturaleza como un espacio de retiro espiritual y meditación, esta cabaña móvil se sitúa en el linde de una zona boscosa, frente a un campo abierto. Ofrece a sus huéspedes paz y tranquilidad lejos del ruido de las ciudades. Un refugio que no se parece en nada a la tradicional cabaña de montaña o playa. Su construcción es austera y sencilla, carece de toda ornamentación. En el interior, el mobiliario es escaso con la intención de mantener esa estética cruda y desnuda, un ambiente casi monástico. En consonancia con el reclamo espiritual del retiro, una serie de paneles de madera entrelazados, dispuestos a modo de arcos, crean una cúpula sobre el espacio. Un lugar idóneo en el que sus huéspedes tengan la posibilidad de sumergirse en el mundo de la meditación y la creatividad.

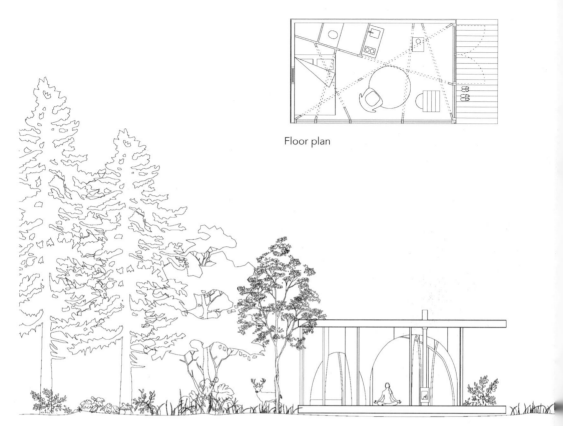

Floor plan

Elevation

Two of the four cabin's walls are shingle clad, while the other two are fully glazed, creating a sense of protection yet opening the interior to the exterior to experience the intimacy of the forest and the expansiveness of the open field.

The environment of a chosen site sets the tone for the form and materiality of a building, creating a harmonious connection with the existing natural features.

Dos de las cuatro paredes de la cabaña están revestidas de tejas, mientras que las otras dos están totalmente acristaladas, lo que crea una sensación de protección y, al mismo tiempo, abre el interior al exterior para experimentar la intimidad del bosque y la amplitud del campo abierto.

El entorno de un lugar elegido marca el tono de la forma y la materia de un edificio, creando una conexión armoniosa con las características naturales existentes.

Open plan setups and big windows can make the outdoors feel as if it's an extension of the interior and encourage time spent outside. Scientific studies show that spending time outdoors strengthens the ability to concentrate.

Las configuraciones de planta abierta y los grandes ventanales pueden hacer que el exterior se sienta como una extensión del interior y fomentar el tiempo que se pasa fuera. Los estudios científicos demuestran que pasar tiempo al aire libre refuerza la capacidad de concentración.

The interior includes a bed, a compact kitchen, a wood burning stove, and a compost toilet. A shower is in the shared bathhouse onsite. All is conceived to focus on the connection with nature and the enjoyment of peace and quiet.

El interior incluye una cama, una cocina compacta, una estufa de leña y un inodoro de compostaje. Hay una ducha compartida en la casa de baños. Todo está concebido para centrarse en la conexión con la naturaleza y el disfrute de paz y tranquilidad.

Minimal partitions make the most of limited space, while maximizing daylight and views, and promoting a sense of spaciousness.

Los tabiques mínimos aprovechan al máximo el espacio limitado, al tiempo que maximizan la luz del día y las vistas, y fomentan la sensación de amplitud.

MOUNTAINEER'S REFUGE

646 sq ft
Gonzalo Iturriaga Arquitectos
Comune of San Esteban, 5th Region, Chile
© Federico Cairoli

The design brief was for a small cabin that would serve as a base camp for an avid mountaineer. The building's low slung and irregular geometry echoes the morphology of the region's high mountains through folding planes revealing openings for access, views, and natural light. The cabin rests on piles, lifted off the ground, and rising to form a tentlike dark wooden structure. This is the point of arrival and departure for the mountaineer's adventures, a lookout, a shelter, a refuge for contemplation and rest between climbs.

El encargo de diseño era una pequeña cabaña que sirviera de campamento base para un ávido montañero. La geometría baja e irregular del edificio se hace eco de la morfología de las altas montañas de la región a través de planos plegables que revelan aberturas para el acceso, las vistas y la luz natural. La cabaña se apoya en pilotes, levantados del suelo, y se eleva para formar una estructura de madera oscura que parece una tienda de campaña. Es el punto de llegada y salida de las aventuras del montañero, un mirador, un refugio para la contemplación y el descanso entre escaladas.

Form and scale are architectural elements that guide the design of buildings to achieve aesthetically pleasing and functional compositions while promoting a sound connection between the built form and its immediate surroundings.

The exterior is finished in blackened pine. Inside, the same material is expressed untreated, a pale blond tone contrasting with the black window and door frames.

La forma y la escala son elementos arquitectónicos que guían el diseño de los edificios para lograr composiciones estéticamente agradables y funcionales, al tiempo que promueven una sólida conexión entre la forma construida y su entorno inmediato.

El exterior está acabado en pino ennegrecido. En el interior, se utiliza el mismo material sin tratar, con un tono ocre suave que contrasta con los marcos negros de ventanas y puertas.

Consider the contextual qualities of a site during the initial design phase. New construction should reinforce the character of a specific place and set high standards in terms of its siting and design. The spatial experience is guided by the volumetric qualities of the cabin. In that respect, its interior is a reflection of the exterior with only a central utility core, including a kitchen and a bathroom, to separate the different areas.

Tenga en cuenta las cualidades contextuales de un lugar durante la fase inicial de diseño. Las nuevas construcciones deben reforzar el carácter de un lugar concreto y establecer un alto nivel de exigencia en cuanto a su emplazamiento y diseño. La experiencia espacial está guiada por las cualidades volumétricas de la cabina. En este sentido, su interior es un reflejo del exterior, con sólo un núcleo central de servicios, que incluye una cocina y un baño, para separar las diferentes áreas.

Site plan

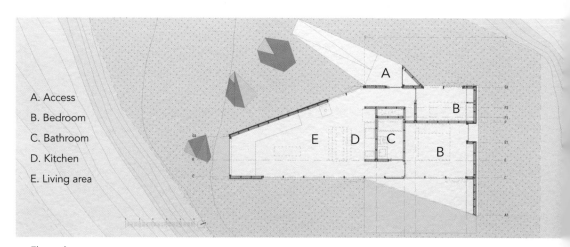

A. Access
B. Bedroom
C. Bathroom
D. Kitchen
E. Living area

Floor plan

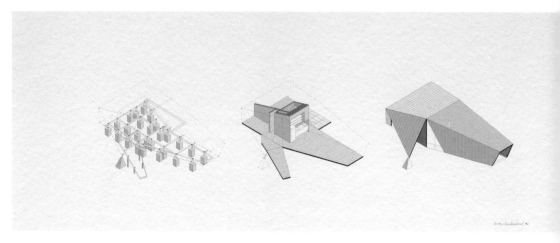

Axonometric views of building components

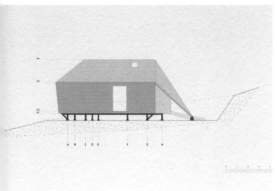

North elevation

East elevation

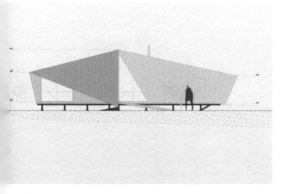

West elevation

South elevation

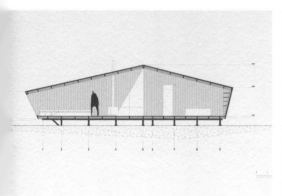

Section A

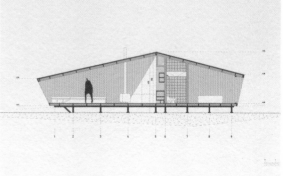

Section B

Floor-to-ceiling windows encourage an interior space to extend to the exterior. This minimizes interior and exterior boundaries and fosters the integration of the built form into the surrounding landscape, making the natural environment part of the architecture and vice-versa. A series of dedicated openings provide cross ventilation, taking advantage of the updraft rising from the valley.

Las ventanas de suelo a techo hacen que el espacio interior se extienda hacia el exterior. Esto minimiza los límites interiores y exteriores y fomenta la integración de la forma construida en el paisaje circundante, haciendo que el entorno natural forme parte de la arquitectura y viceversa. Una serie de aberturas dedicadas proporcionan ventilación cruzada, aprovechando la corriente ascendente del valle.

CABIN ØSTFOLD

645 sq ft
Lund+Slaatto Architects
Østfold, Norway
© Marte Garmann

The Cabin Østfold is located in the Oslofjord archipelago, with great views to the sea, and the adjacent coastal landscape. The cabin consists of two structures—a main building and an annex—connected by a central terrace. The foundation of a previous building on the site and its architectural character established the limits of the new construction and informed the new design. This is reflected in the design of the roof, which takes cues from the traditional gable roof structures. While Cabin Østfold may incorporate elements of the area's vernacular architecture, it exudes a modern appeal that comes with the creative use of natural materials.

La cabaña Østfold está situada en el archipiélago de Oslofjord, con grandes vistas al mar y al paisaje costero adyacente. La cabaña consta de dos estructuras -un edificio principal y un anexo- conectadas por una terraza central. Los cimientos de un edificio anterior y su carácter arquitectónico establecieron los límites de la nueva construcción y dieron forma al nuevo diseño. Estas características se reflejan en el diseño del tejado, que se inspira en las estructuras tradicionales de tejado a dos aguas. Aunque la Cabaña Østfold incorpora elementos de la arquitectura vernácula de la zona, desprende un atractivo moderno gracias al uso creativo de materiales naturales.

The cabin's exterior and the terrace are built with cedar timber. The roof eave extends over the windows, limiting heat gain and glare but allowing the interior to take in the views of the sea. The brise soleil is a popular and effective solar shading technique widely used before air-conditioning to control the amount of direct sunlight that enters a building.

El exterior de la cabaña y la terraza están construidos con madera de cedro. El alero del tejado se extiende por encima de las ventanas, limitando el aumento de temperatura y el deslumbramiento, pero a su vez, permitiendo disfrutar de las vistas al mar. El brise soleil es una técnica de protección solar popular y eficaz, muy utilizada antes de la climatización para controlar la cantidad de luz solar directa que entra en un edificio.

Sections

The cedar terrace and roof form a continuous surface that protects the hillside of the cabin in a sheltering way while extending beyond and above the windows at the front of the cabin to allow for light and views.

La terraza y el tejado de cedro forman una superficie continua que protege la ladera de la cabaña, al tiempo que se extiende más allá y por encima de las ventanas de la parte delantera de la cabaña para permitir la entrada de luz y las vistas.

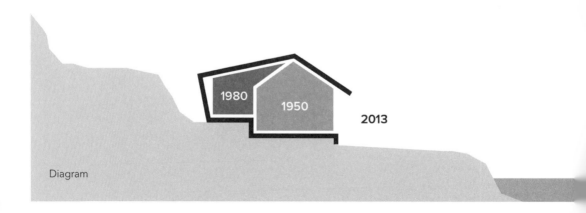

Diagram

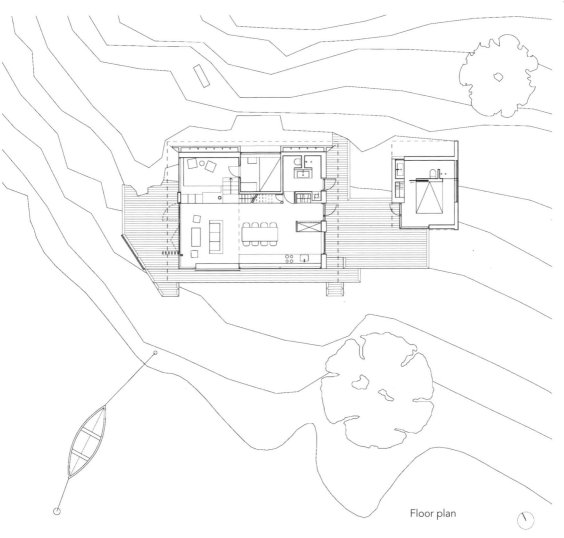

Floor plan

Geographical location, environmental and cultural context, climate, and orientation are factors that need to be taken into account during the design process of a building. These are some of the guidelines devised to optimize a building's adaptation to a specific site and optimize its efficiency and performance.

La ubicación geográfica, el contexto ambiental y cultural, el clima y la orientación son factores que deben tenerse en cuenta durante el proceso de diseño de un edificio. Estas son algunas de las pautas ideadas para optimizar la adaptación de un edificio a un lugar específico y optimizar su eficiencia y rendimiento.

Avoid tall furniture to enhance the sense of amplitude in small spaces. With few or no cumbersome pieces of furniture, a room can also look brighter because light can reach further in, and no unsightly shadows are cast.

Protecting windows from sunlight is critical for good window management. How the sun moves through the sky should determine a building's orientation and the placement of windows to minimize direct solar admission.

Evite los muebles altos para aumentar la sensación de amplitud en los espacios pequeños. Con pocos o ningún mueble engorroso, una habitación también puede parecer más luminosa porque la luz puede llegar más adentro y no se proyectan sombras antiestéticas.

Proteger las ventanas de la luz solar es fundamental para una buena gestión de las mismas. La forma en que el sol se desplaza debe determinar la orientación de un edificio y la colocación de las ventanas para minimizar la entrada directa de la luz solar.

The cabin's interior is an open plan layout organized on various levels, adapting to the site's sloping topography. With minimal partitions, every corner of the cabin enjoys the views and the light through the glazed sea-facing wall.

El interior de la cabaña es una disposición de planta abierta organizada en varios niveles, que se adapta a la topografía inclinada del lugar. Con unos tabiques mínimos, cada rincón de la cabaña disfruta de las vistas y la luz a través de la pared acristalada orientada al mar.

WOODSHED

3,500 sq ft
Birdseye Design
Pomfret, Vermont, United States
© Jim Westphalen

Sited on a clearing on a steeply sloping and heavily forested site, Woodshed is both a guest cottage and entertainment space for the main residence on the same property. The construction is conceptually inspired by the vernacular woodshed, a familiar and iconic element in the Vermont landscape. It is composed of two asymmetric gable roof forms, akin to the traditional woodshed. The two are connected by a central entryway. The design purposefully projects a minimal, familiar elevation to the non view, public street side, and an engaging, contemporary, open elevation to the private hillside.

Ubicada en un claro de un terreno muy inclinado y boscoso, Woodshed es a la vez una cabaña para invitados y un espacio de entretenimiento para la residencia principal en la misma propiedad. La construcción se inspira conceptualmente en la cabaña de madera vernácula, un elemento familiar e icónico en el paisaje de Vermont. Se compone de dos formas asimétricas de tejado a dos aguas, similares a las de las leñeras tradicionales. Las dos están conectadas por una entrada central. El diseño proyecta intencionadamente una elevación mínima y familiar hacia el lado no visible de la calle pública, y una elevación atractiva, contemporánea y abierta hacia la ladera privada.

The use of recycled materials responds to principles of sustainability while providing a building with a rustic appeal. This could especially apply to rural construction, where the goal is to integrate architecture into its natural surroundings and evoke elements of vernacular heritage.

The siding is composed of repurposed corral fencing boards. Great effort was made to minimize the amount of detailing and simply express the natural beauty of the weathered material.

El uso de materiales reciclados responde a los principios de sostenibilidad, a la vez que proporciona un edificio con un atractivo rústico. Esto podría aplicarse especialmente a la construcción rural, donde el objetivo es integrar la arquitectura en su entorno natural y evocar elementos del patrimonio vernáculo.

El revestimiento está compuesto por tablas de valla de corral reutilizadas. Se hizo un gran esfuerzo para minimizar la cantidad de detalles y expresar simplemente la belleza natural del material desgastado.

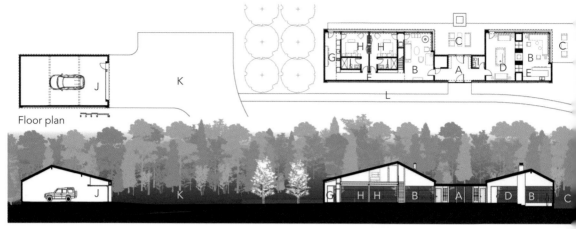

Floor plan

Section

A. Entry
B. Living area
C. Outdoor living area
D. Entertainment area
E. Bar
F. Hall

G. Kitchenette
H. Bedroom
I. Bathroom
J. Garage
K. Driveway
L. Walkway

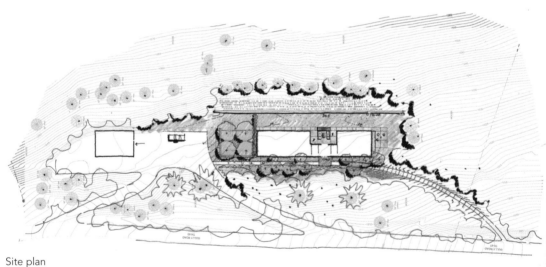

Site plan

The western, public elevation of the cottage presents the continuous, wood textured wall that evokes the expressive scrim wall of a traditional woodshed. The eastern side opens to the woodland views with a glass facade that invites the landscape, exterior retaining walls, and terrace spaces, into the building.

El alzado público occidental de la casa de campo presenta un muro continuo con textura de madera que evoca el expresivo muro de malla de una leñera tradicional. Desde el interior y en la parte oriental, la vivienda se abre a las vistas del bosque con una fachada de cristal que invita al paisaje, a los muros de contención exteriores y a los espacios de la terraza.

VERNACULAR WOODSHED
AS DESIGN PRECEDENT

VOID: Provide private
views of hillside

ICONIC FORM: Reflect
vernacular landscape

SCRIM WALL: Create engaging
surface from functional element

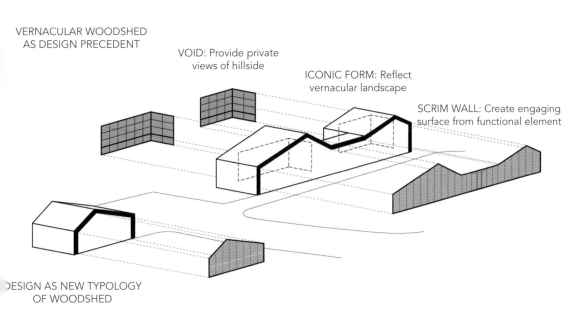

DESIGN AS NEW TYPOLOGY
OF WOODSHED

The design of rural architecture, such as cottages and cabins, often entail the use of passive solar tactics, which are aimed at regulating interior temperature with minimum use of mechanical devices.

El diseño de la arquitectura rural, como las casas de campo y las cabañas, a menudo conlleva el uso de tácticas solares pasivas, cuyo objetivo es regular la temperatura interior con un uso mínimo de dispositivos mecánicos.

GREAT LAKES CABIN

700 sq ft
Leckie Studio Architecture + Design and The Backcountry Hut Company
Georgian Bay, Ontario, Canada
© James Jones (photography) and Plus Visual (renderings)

The Great Lakes Cabin is the first built prototype produced by the Backcountry Hut Company. The cabin is designed to be packaged and shipped to remote locations. The one-story system is based on a ten-foot by sixteen-foot module, but while this modular approach implies architectural functions, opportunities for customization are encouraged. Promoting user participation in the conception, design, and construction of buildings is at the core of The Backcountry Hut Company. The resulting "kit of parts" building system is intended to allow individuals and groups to have more agency in building their structures, and in doing so, ultimately empower people to shape their communities.

La cabaña Great Lakes es el primer prototipo construido por la empresa Backcountry Hut. La cabaña está diseñada para ser embalada y enviada a lugares remotos. El sistema de una planta se basa en un módulo de tres metros por tres metros, pero aunque este enfoque modular implica funciones arquitectónicas, se fomentan las oportunidades de personalización. Promover la participación de los usuarios en la concepción, el diseño y la construcción de los edificios es la base de The Backcountry Hut Company. El sistema de construcción resultante, un "kit de piezas", pretende permitir a las personas tener más capacidad de acción en la construcción de sus estructuras y, al hacerlo, capacitar a las personas para dar forma a sus comunidades.

Assembly diagram

A. Entry
B. Kitchen
C. Living room
D. Sleeping loft
E. Bathroom
F. Covered porch

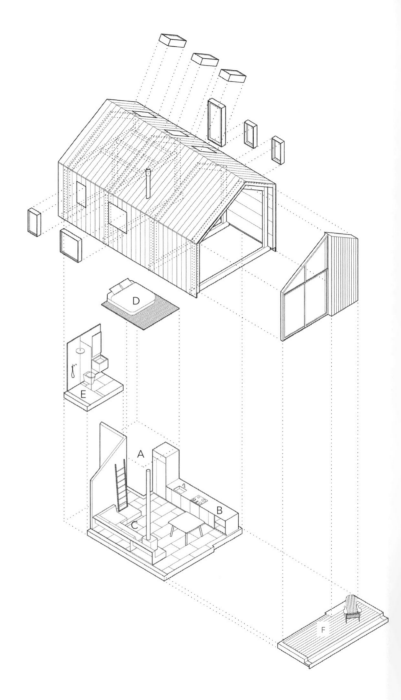

The compact structure is crafted to have a minimal environmental impact on the site. The structural system is comprised of a sustainably harvested engineered glulam timber frame, clad with prefabricated insulated wall/roof/floor panels.

La estructura compacta está diseñada para tener un impacto medioambiental mínimo en el entorno. El sistema estructural se compone de una estructura de madera laminada de ingeniería sostenible, revestida con paneles prefabricados de pared/techo/suelo aislados.

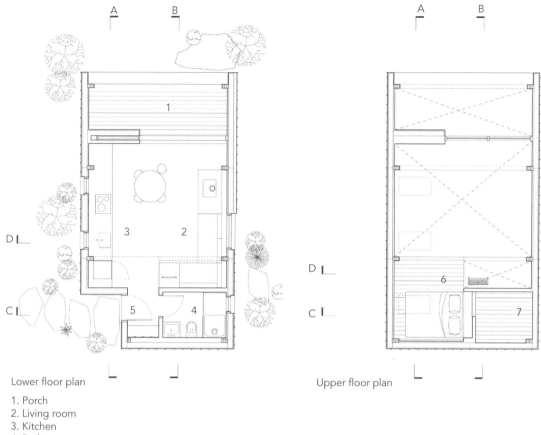

Lower floor plan

1. Porch
2. Living room
3. Kitchen
4. Bathroom
5. Entry
6. Bedroom
7. Mechanical room

Upper floor plan

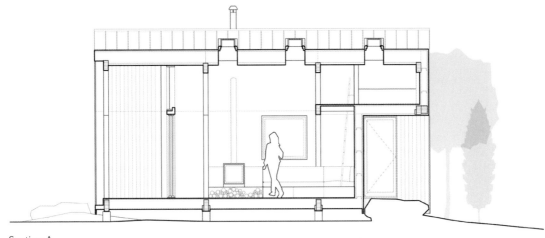

Section A

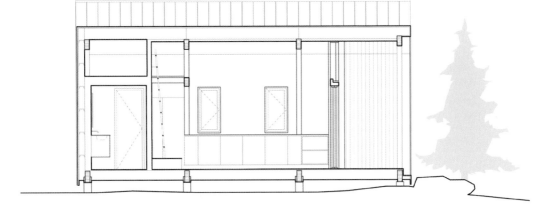

Section B

The prefabricated system allows a fast building process of weeks rather than months. The overall process can take between six to twelve months from planning to finish, depending on the complexity of the project.

Every square inch is utilized—featuring a lofted sleeping area, a full bathroom, and covered exterior decks at front and back entries.

El sistema prefabricado permite un proceso de construcción rápido de semanas en lugar de meses. El proceso global puede durar entre seis y doce meses desde la planificación hasta el final, dependiendo de la complejidad del proyecto.

Se aprovecha cada centímetro cuadrado, con una zona de descanso elevada, un baño completo y cubiertas exteriores en las entradas delantera y trasera.

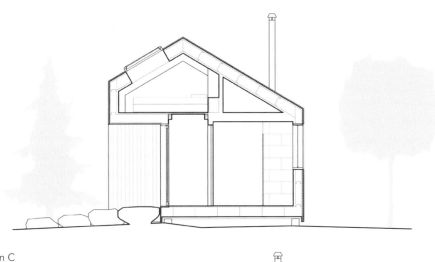

Section C

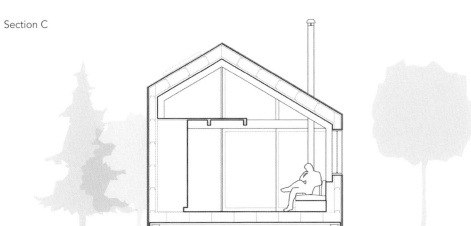

Section D

ARROWHEAD SHELTER

108 sq ft
Leckie Studio Architecture + Design and The Backcountry Hut Company
Anywhere in North America
© James Jones (photography) and Plus Visual (renderings)

The Arrowhead Shelter is a prefabricated structure designed to be flat-packed and shipped to remote locations across North America. The A-frame design is, in part, a nostalgic reference to alpine cabins in the mountains of British Columbia, but it is also structurally efficient and simple to build by a small group of people with hand tools. The DIY structures of the Backcountry Hut Company work to rethink the traditional methods of architectural practice by directly engaging the fundamental social, political, cultural, and economic forces that shape the built environment.

Arrowhead Shelter es una estructura prefabricada diseñada para ser embalada en plano y enviada a lugares remotos de Norteamérica. El diseño en forma de A es, en parte, una referencia nostálgica a las cabañas alpinas de las montañas de la Columbia Británica, pero también es estructuralmente posible de construir por un pequeño grupo de personas con herramientas manuales. Las estructuras de bricolaje de la Backcountry Hut Company pretenden replantear los métodos tradicionales al comprometerse directamente con las fuerzas sociales, políticas, culturales y económicas fundamentales en el contexto arquitectónico.

Assembly diagram

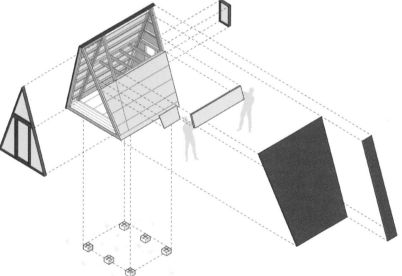

The "kit of parts" system simplifies construction in hard-to-access and remote locations, where the parts arrive flat-packed on pallets. The prefabricated, mass customizable building systems can be configured to meet a wide range of individual needs.

El sistema de "kit de piezas" simplifica la construcción en lugares remotos y de difícil acceso, donde las piezas llegan embaladas en palés. Los sistemas de construcción prefabricados y personalizables en masa pueden configurarse para satisfacer una amplia gama de necesidades individuales.

Floor plan

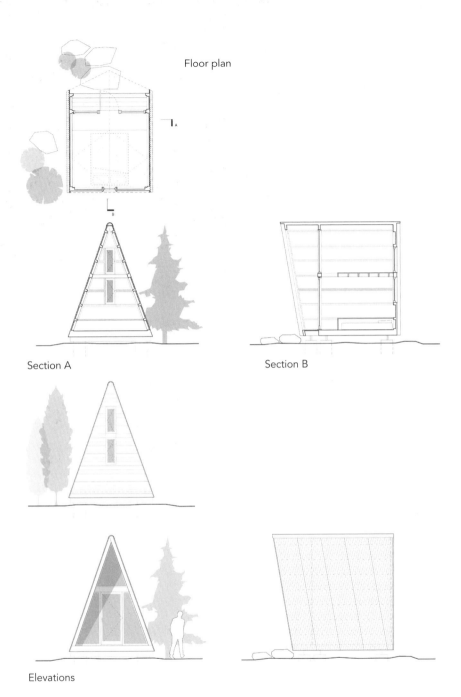

Section A

Section B

Elevations

The Arrowhead Shelter design combines the rustic beauty of A-frame building and the sustainable benefits associated with low-cost construction and minimal maintenance.

El diseño del refugio Arrowhead combina la belleza rústica de la construcción en forma de A y los beneficios sostenibles asociados al bajo coste construcción y un mantenimiento mínimo.

CABIN USTAOSET

775 sq ft
Jon Danielsen Aarhus
Hol Municipality, Norway
© Knut Bry

Cabin Ustaoset is situated 3,500 feet above sea level, midway between Oslo and Bergen, at the foot of the mighty Hardangervidda—Europe's highest mountain plateau. With no road connection, construction materials were flown in by helicopter. The groundwork was done carefully, siting the cabin on pillars to preserve as much as possible of the slow-growing vegetation. The exterior of the building had to be finished during the short summer months, while the rest was completed in mid-winter when materials for the interior could be transported in with snow scooters. A preexisting small cabin was maintained. The two structures, facing each other, create a central sheltered outdoor space to enjoy during the good weather.

La cabaña Ustaoset está situada a 1.500 metros sobre el nivel del mar, a medio camino entre Oslo y Bergen, a los pies de la poderosa Hardangervidda, la meseta montañosa más alta de Europa. Al no haber conexión por carretera, los materiales de construcción se transportaron en helicóptero. El trabajo del suelo se hizo con cuidado, asentando la cabaña sobre pilares para preservar al máximo la vegetación de crecimiento lento. El exterior del edificio tuvo que terminarse durante los cortos meses de verano, mientras que el resto se completó a mediados de invierno, cuando los materiales para el interior podían transportarse con motos de nieve. Se mantuvo una pequeña cabaña preexistente. Las dos estructuras, una frente a la otra, crean un espacio exterior central protegido para disfrutar durante el buen tiempo.

Roof overhangs protect siding, doors, and windows from water damage. This modern cabin features floor-to-ceiling windows that showcase the uniform pine cladding on the cabin's exterior and interior.

Los voladizos del tejado protegen el revestimiento, las puertas y las ventanas de los daños causados por el agua. Esta moderna cabaña cuenta con ventanas del suelo al techo que muestran el revestimiento uniforme de pino en el exterior e interior de la cabaña.

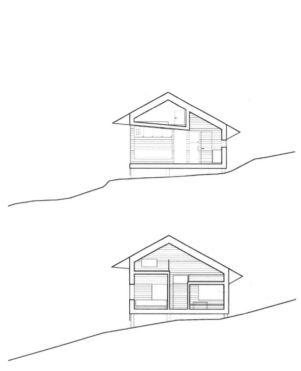

Sections

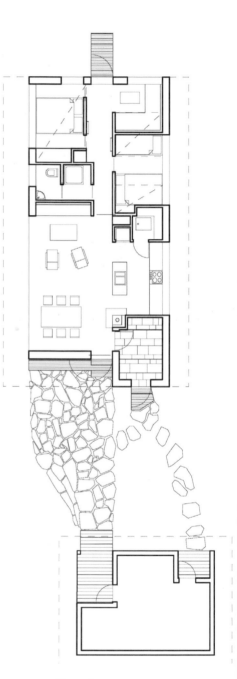

Floor plan

Remoteness suggests serenity and quiet under a star-studded black sky. It offers the opportunity for an ideal getaway to satisfy the need for the full nature experience and authenticity, away from the stressful demands of the urban daily life.

La lejanía sugiere serenidad y tranquilidad bajo un cielo negro tachonado de estrellas. Ofrece la oportunidad de una escapada ideal para satisfacer la necesidad de una experiencia plena en la naturaleza y la autenticidad, lejos de las estresantes exigencias de la vida cotidiana urbana.

The floor-to-ceiling windows are three-layer, insulating, and solar protected glass panels. They take in the views of the Ustevann Lake, the Hallingskarvet mountains, and the Hardangerjøkulen glacier, providing a sense of being part of this magnificent landscape while maintaining a comfortable temperature inside the cabin.

Las ventanas del suelo al techo son paneles de vidrio de tres capas, aislantes y con protección solar. Desde ellas se pueden contemplar las vistas del lago Ustevann, las montañas Hallingskarvet y el glaciar Hardangerjøkulen, lo que da la sensación de formar parte de este magnífico paisaje, al tiempo que se mantiene una temperatura agradable en el interior de la cabaña.

Pine, like other wood types such as spruce, larch, and cedar used for wall cladding, offers excellent insulation and the classic cabin look that one might expect from a mountain retreat.

El pino, al igual que otros tipos de madera como el abeto, el alerce y el cedro utilizados para el revestimiento de las paredes, ofrece un excelente aislamiento y el aspecto clásico de cabaña que cabe esperar de un refugio de montaña.

TINY HOLIDAY HOME

807 sq ft
i29 interior architects and Chris Collaris
VinKeveen, The Netherlands
© Ewout Huibers

This house capitalizes on spatial qualities despite its reduced footprint. Built for a family of four, it includes a living room, a kitchen/dining room, a patio, three bedrooms, one bathroom, and two powder rooms. Situated on an elongated plot close to a lake, the positioning of the building is determined by the views of the surrounding natural setting and by sun exposure. With simple yet smart design gestures, the project is of the highest standard, while at the same time implementing energy-efficient and space-saving strategies. In this sense, it's a model example of small home construction: compact and functional without sacrificing design quality in both its interior and its exterior.

Esta casa aprovecha las cualidades espaciales a pesar de su reducida superficie. Construida para una familia de cuatro personas, incluye un salón, una cocina-comedor, un patio, tres dormitorios, un baño y dos aseos. Situada en una parcela alargada cerca de un lago, la posición del edificio viene determinada por las vistas del entorno natural que la rodea y por la exposición al sol. Con gestos de diseño sencillos pero inteligentes, el proyecto es del más alto nivel, al tiempo que aplica estrategias de eficiencia energética y ahorro de espacio. En este sentido, es un ejemplo modélico de construcción de viviendas pequeñas: compacto y funcional sin sacrificar la calidad del diseño tanto en su interior como en su exterior.

The exterior appearance of a building reflects the programmatic requirements of its interior and responds to the qualities of its surroundings, offering openings to take in daylight and views, and solid surfaces to provide shelter and privacy.

El aspecto exterior de un edificio refleja los requisitos programáticos de su interior y responde a las cualidades de su entorno, ofreciendo aberturas para recibir la luz del día y las vistas, y superficies sólidas para proporcionar refugio y privacidad.

To enhance the sculptural form of the building, the use of materials is kept to a limited selection. Roofing and window detailing are carefully concealed behind the dark wood exterior cladding for a clean look.

Para realzar la forma escultórica del edificio, el uso de materiales se limita a una selección de los mismos. Los detalles del tejado y las ventanas se ocultan cuidadosamente tras el revestimiento exterior de madera oscura para conseguir un aspecto limpio.

North elevation

West elevation

East elevation

South elevation

Fragmenting the massing of buildings brings down their scale to minimize the visual impact and facilitate the integration with their immediate surroundings. This is particularly true in natural settings where construction can be disruptive and, therefore, a more sensible design approach is critical.

Fragmentar la masa de los edificios reduce su escala para minimizar el impacto visual y facilitar la integración con su entorno inmediato. Esto es especialmente cierto en entornos naturales en los que la construcción puede ser perturbadora y, por tanto, es fundamental un enfoque de diseño más sensato.

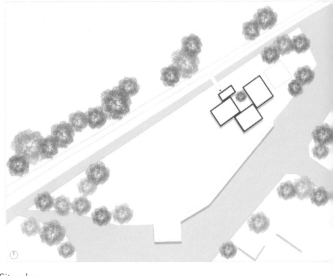

Site plan

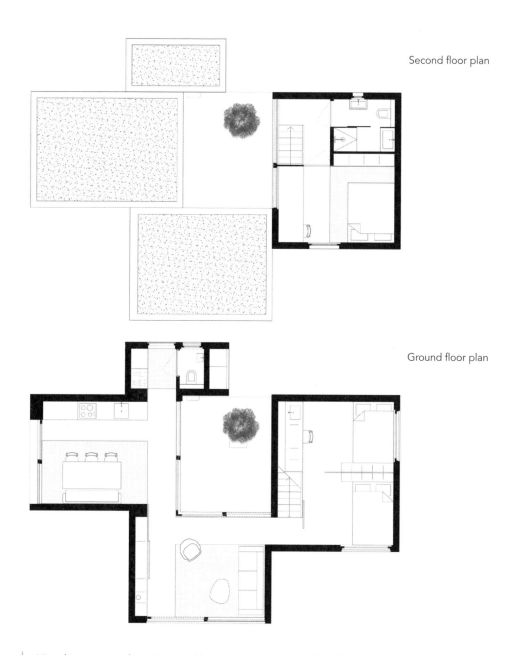

Ground floor plan

Visual impact can be minimized by creating a cluster of small attached buildings, instead of a large monolithic structure. This would optimize natural lighting and solar heating and cooling functions.

El impacto visual puede minimizarse creando un conjunto de pequeños edificios adosados, en lugar de una gran estructura monolítica. Esto optimizaría la iluminación natural y las funciones de calefacción y refrigeración solar.

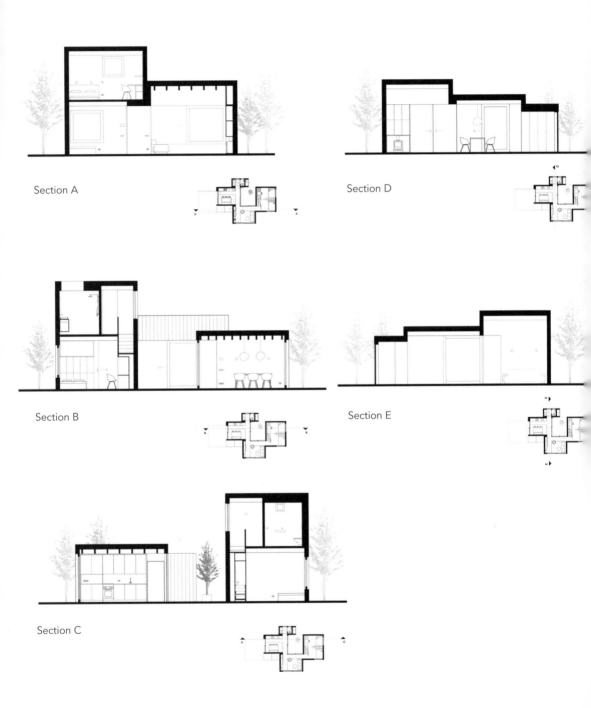

Section A

Section D

Section B

Section E

Section C

The use of durable and resistant materials and thorough maintenance is necessary to mitigate the potential damage from UV, water, insects, and air infiltration while maintaining the aesthetic appeal of the construction. Long sightlines across the building's interior provide a sense of amplitude and visual connection between the different areas. This effect is further enhanced with the use of similar finishes both in and out to dissolve the transition between the two realms.

El uso de materiales duraderos y resistentes y un mantenimiento exhaustivo son necesarios para mitigar los posibles daños causados por los rayos UV, el agua, los insectos y la infiltración de aire, al tiempo que se mantiene el atractivo estético de la construcción. Las largas líneas de visión en el interior del edificio proporcionan una sensación de amplitud y conexión visual entre las diferentes áreas. Este efecto se refuerza aún más con el uso de acabados similares tanto en el interior como en el exterior para disolver la transición entre los dos ámbitos.

Custom furniture and integrated cabinetry accentuate the spatial quality of the home. In every detail, they aimed for the ultimate space-efficient solution. Every aspect of the design is approached to produce a pure and unified experience and create a strong impression.

Los muebles a medida y los armarios integrados acentúan la calidad espacial de la vivienda. En cada detalle, se buscó la solución definitiva de eficiencia de espacio. Todos los aspectos del diseño se abordan para producir una experiencia pura y unificada y crear una fuerte impresión.

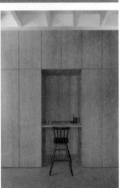

Built-in cabinetry makes efficient use of limited space, while also providing a cabin with a modern, comfortable look adapted to a contemporary lifestyle.

Los armarios empotrados hacen un uso eficiente del espacio limitado, a la vez que proporcionan un habitáculo con un aspecto moderno y confortable adaptado a un estilo de vida contemporáneo.

CASA CALDERA

945 sq ft
D U S T®
San Rafael Valley, Arizona, United States
© Cade Hayes

Casa Caldera is an off-grid retreat located in a remote landscape. The site offers panoramic views of the varied topography, ranging from distant high mountains to wide, open arid plains with low-lying outcroppings. The house emerges from the native grasses, among Emery oaks. Its construction, which takes cues from the vernacular zaguan housing typology, is a simple rectangular form of poured Lavacrete—a mixture of pulverized lightweight red scoria, cement, and water, rammed into the formwork. The material choice responds to the desire to anchor the retreat to the site's geology, while at the same time, offering insulation and thermal mass to ensure indoor comfort.

Casa Caldera es un retiro sin conexión a la red situado en un paisaje remoto. El lugar ofrece vistas panorámicas de la variada topografía, que va desde las altas montañas distantes hasta las amplias y abiertas llanuras áridas. La casa emerge de los pastos autóctonos, entre robles de Emery. Su construcción, que se inspira en la tipología vernácula de vivienda zaguana, es una sencilla forma rectangular de Lavacrete vertido, una mezcla de escoria roja ligera pulverizada, cemento y agua, apisonada en el encofrado. La elección del material responde al deseo de anclar el refugio a la geología del lugar, al tiempo que ofrece aislamiento y masa térmica para garantizar el confort interior.

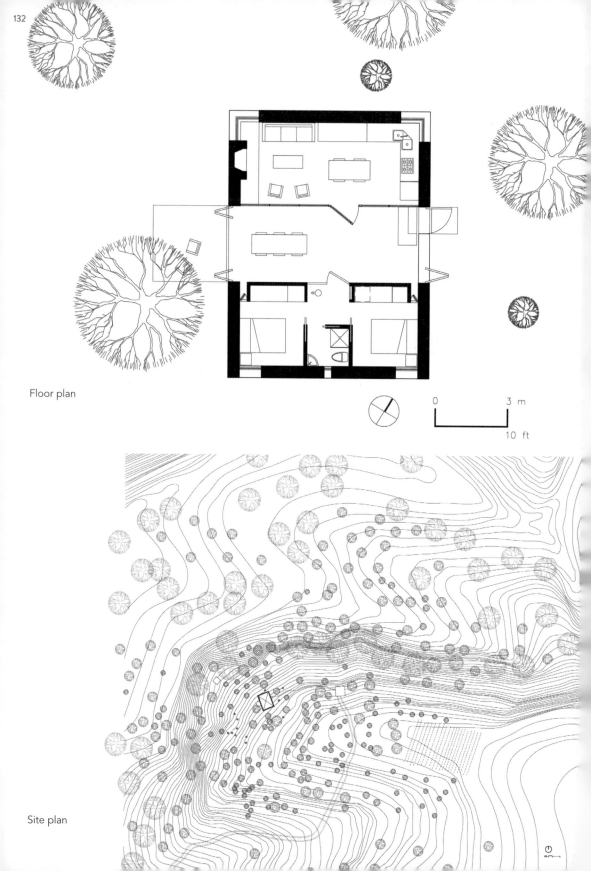

Floor plan

0   3 m

10 ft

Site plan

Casa Caldera harnesses the challenges of its remote site, emphasizing sustainable tactics. Cooling is provided by natural cross ventilation through the zaguan and the windows. Water is from a well and solar power is used for minimal electrical needs.

The zaguan acts as the connector between the interior and the exterior. Curated apertures cool the home and offer a tight frame for the expansive view, also shifting subtly the quality of light that drifts into the space.

Casa Caldera aprovecha los retos de su remoto emplazamiento, haciendo hincapié en las tácticas sostenibles. La refrigeración se consigue mediante la ventilación cruzada natural a través del zaguán y las ventanas. El agua procede de un pozo y la energía solar se utiliza para las necesidades eléctricas mínimas.

El zaguán actúa como conector entre el interior y el exterior. Unas aberturas bien diseñadas refrescan la casa y ofrecen un marco ajustado para las amplias vistas, cambiando también sutilmente la calidad de la luz que entra en el espacio.

Site analysis can inform on the shape and proportions of interior spaces as well as on the positioning and sizes of openings to enhance the relationship between the built form and nature.

Casa Caldera is designed to be part of the landscape and make the most of the environmental qualities of the site. It is sensible to the surroundings in its scale, form, and materials while implementing sustainable strategies to minimize heat gain and maximize airflow through its interior spaces.

Sensible use of materials and minimal detailing allows the focus on spatial qualities and the surrounding landscape as an integral part of a building composition.

El análisis del emplazamiento puede informar sobre la forma y las proporciones de los espacios interiores, así como sobre la posición y el tamaño de las aberturas para mejorar la relación entre la forma construida y la naturaleza.

Casa Caldera está diseñada para formar parte del paisaje y aprovechar al máximo las cualidades ambientales del lugar. Es sensible al entorno en su escala, forma y materiales, al tiempo que aplica estrategias sostenibles para minimizar el aumento de temperatura y maximizar el flujo de aire a través de sus espacios interiores.

El uso sensato de los materiales y los detalles mínimos permiten centrarse en las cualidades espaciales y en el paisaje circundante como parte integrante de la composición del edificio.

EFC CABIN

1,335 sq ft
VOID
Dota, San Jose, Costa Rica
© Andres Garcia Lachner

The EFC cabin was designed to respond to the cold, foggy climate in the mountains of Dota. It's located on a hill surrounded by a small forest of oak trees. The views, landscape, orientation, wind patterns, and access points were the key factors that guided the design. The cabin, which consists of two differentiated volumes, is built in relationship with its surroundings. One is solid, the other has generous glass walls that allow the living-dining area and the bedrooms to take in the views of the valley, the mountains, and the oak forest. The interior-exterior relationship makes the environment the main element of the cabin harnessing openness and light.

La cabaña EFC fue diseñada para responder al clima frío y nebuloso de las montañas de Dota. Está situada en una colina rodeada de un pequeño bosque de robles. Las vistas, el paisaje, la orientación, los patrones de viento y los puntos de acceso fueron los factores clave que guiaron el diseño. La cabaña, que consta de dos volúmenes diferenciados, está construida en relación con su entorno. Uno es macizo, el otro tiene generosas paredes de cristal que permiten que el salón-comedor y los dormitorios disfruten de las vistas del valle, las montañas y el bosque de robles. La relación interior-exterior hace que el entorno sea el elemento principal de la cabaña aprovechando la apertura y la luz.

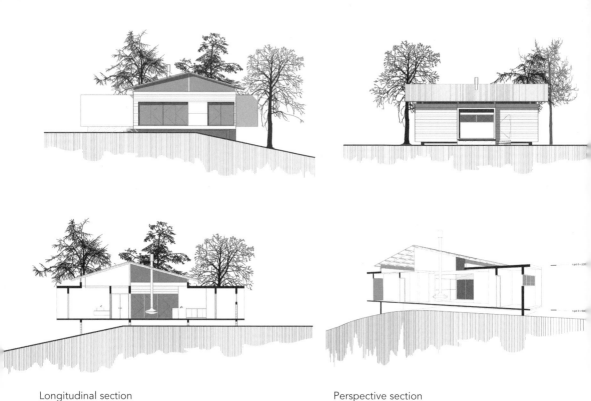

Longitudinal section

Perspective section

The cabin sits lightly on concrete footings among oak trees. It is an architecture that articulates a structure of pine exterior siding and another clad in stone. The interior surfaces are finished in plywood paneling. The two are covered by a corrugated steel roof that appears to float above clerestory windows.

La cabaña se asienta ligeramente sobre zapatas de hormigón entre robles. Es una arquitectura que articula una estructura de revestimiento exterior de pino y otra revestida de piedra. Las superficies interiores están acabadas con paneles de madera contrachapada. Ambas están cubiertas por un tejado de acero ondulado que parece flotar por encima de las ventanas cenitales.

Site plan

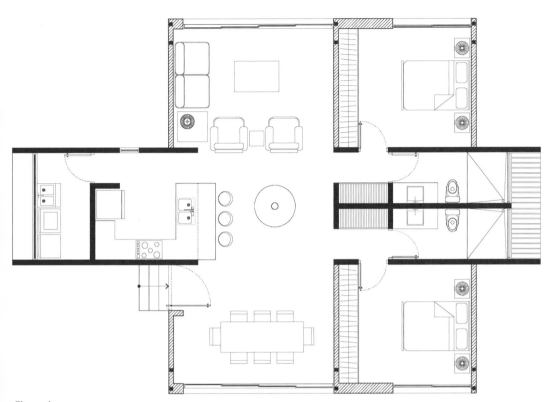

Floor plan

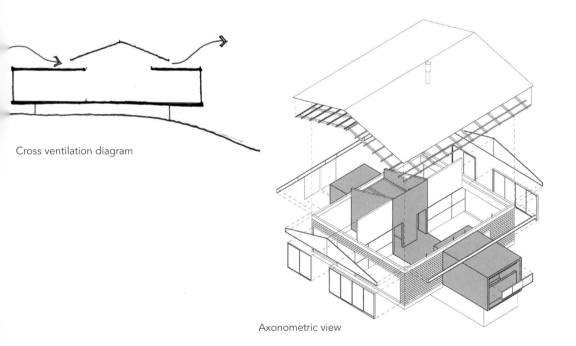

Cross ventilation diagram

Axonometric view

A sensible design should respect and work with the established natural features such as the topography, outcroppings, vegetation, and trees, seeking integration between architecture and nature.
It is critical that new rural architecture is a positive addition to the chosen site, taking into account the existing natural surroundings to promote a unique sense of place.

Un diseño sensato debe respetar y trabajar con las características naturales establecidas, como la topografía, los afloramientos, la vegetación y los árboles, buscando la integración entre arquitectura y naturaleza.
Es fundamental que la nueva arquitectura rural sea una adición positiva al lugar elegido, teniendo en cuenta el entorno natural existente para promover un sentido único del lugar.

The site-specific design approach should reflect the unique character of the place. This can be achieved through the use of locally sourced materials that effortlessly blend with the landscape or with materials that, with time, will weather to merge with the colors and textures of their natural surroundings.

El enfoque del diseño específico del lugar debe reflejar el carácter único del mismo. Esto puede lograrse mediante el uso de materiales de origen local que se mezclen sin esfuerzo con el paisaje o con materiales que, con el tiempo, se fundan con los colores y las texturas de su entorno natural.